Inhalt

Machine-to-Machine-Kommunikation (M2M) - bald kein Nischenmarkt mehr

Kernthesen

Beitrag

Fallbeispiele

Weiterführende Literatur

Impressum

Machine-to-Machine-Kommunikation (M2M) - bald kein Nischenmarkt mehr

I.Zeilhofer-Ficker

Kernthesen

- Theoretisch könnten weltweit 50 Milliarden Maschinen miteinander kommunizieren.
- Die Machine-to-Machine-Kommunikation ist momentan noch ein Nischenmarkt, der bald schon größer als der gesamte Mobiltelefonmarkt sein könnte.
- Die Anwendungsmöglichkeiten sind vielfältig, allerdings mangelt es noch an technischer Harmonisierung.

Beitrag

Ob man es nun als Fluch oder Segen ansieht mit modernen Handys ist man fast überall auf der Welt telefonisch erreichbar. Nun sollen die Mobilfunknetze auch für Maschinen genutzt werden ein riesiges Geschäftspotenzial, denn M2M hilft, Prozesse zu vereinfachen und Kosten zu sparen.

Die automatische Kommunikation zwischen Maschinen steht in den Startlöchern

Als sich die Implementierung der LKW-Maut vor einigen Jahren immer wieder verzögerte, war die Entrüstung groß. Dabei wurde hier technische Pionierarbeit geleistet, die eine drahtlose, automatische Kommunikation zwischen Maschinen in ganz Deutschland ermöglichte und somit den Grundstein für weitere M2M-Anwendungen legte. Mittlerweile sind bei Toll Collect 550 000 M2M-Sim-Karten im Einsatz, bei T-Mobile waren Ende 2006 weitere 478 000 M2M-Kunden registriert. (1)

Doch laut Harbor Research, London sind diese Zahlen nur Peanuts. 2006 sind weltweit vierzehn

Millionen M2M-Geräte im Wert von 602 Millionen Euro verkauft worden. Bis zum Jahr 2010 rechnet man mit mehr als 500 Millionen selbst kommunizierender Maschinen, ein Umsatzpotenzial von 160 Milliarden US-Dollar soll realisierbar sein. Theoretisch könnten weltweit sogar 50 Milliarden Maschinen miteinander verbunden werden. (1), (2)

Doch Mobilfunknetzbetreiber haben sich bisher lieber auf den Mobiltelefonmarkt konzentriert und nur wenige Anwendungen vorangetrieben. Da der Handymarkt nun aber in die Sättigungsphase eintritt, entdecken mehr und mehr Anbieter das mögliche Geschäftspotenzial der Machine-to-Machine-Kommunikation und investieren in entsprechende Entwicklungen. (2)

Vorantreiben will den Markt auch die M2M Alliance mit Sitz in Aachen. Hier sollen sowohl Anbieter als auch Anwender eine Plattform zum Wissensaustausch finden. Die Verbreitung der Technik und deren Einsatzmöglichkeiten soll weiter gefördert werden. Zudem hat sich die Initiative die technische Harmonisierung der verschiedenen M2M-Lösungen zum Ziel gesetzt einer der größten Stolpersteine für den weltweiten Einsatz der Technologie. (1), (3), (4)

Was macht M2M interessant?

Regelmäßige Nutzer von Internet und PC sind längst daran gewöhnt, dass ihr PC automatisch mit Updates der diversen Software-Hersteller versorgt wird, sobald diese verfügbar sind. Eine Verbindung ins Internet genügt und alles andere läuft ganz automatisch zwischen den beiden Computern ab. Da Produktionsmaschinen und anlagen normalerweise nicht mit dem Anlagenhersteller verbunden sind, ist es hier schon schwieriger, entsprechende Updates ohne Zeitverlust zu verteilen, vor allem, wenn die Maschinen rund um den Globus verteilt sind. Mit moderner M2M-Technologie, die den Maschinen zur Identifizierung IP-Adressen zuteilt, können diese Updates genauso einfach und ganz ohne jegliche Reisekosten durchgeführt werden. Mit den neuen Funktechnologien wie Datenfunk und GPRS sind selbst schwer zugängliche Anlagen an den abgelegensten Ecken der Welt zu erreichen. (4), (5), (7)

Müssen kaum zugängliche Anlagen kontinuierlich auf ihre Funktion überwacht werden, so ist dies ebenfalls mithilfe von M2M möglich, ohne dass rund um die Uhr ein Mitarbeiten Sensordaten beobachten muss. Durch lückenlose Übertragung von Prüfdaten an einen Leitstand wird der Anlagenzustand überwacht. Weichen Parameter von der Norm ab, wird automatisch ein Alarm ausgelöst und der zuständige Maschinenführer oder Wartungstechniker informiert. Durch die vorhandenen Daten kann man erkennen, wo die Ursache des Problems liegt. Sind Reparaturen vor Ort nötig, so können entsprechende Ersatzteile mitgebracht werden. Dies spart sowohl Zeit als auch Kosten und auf den oft teuren, pro aktiven Austausch von kritischen Teilen vor deren tatsächlichem Ausfall kann verzichtet werden. (4), (5)

Doch es gibt noch wesentlich mehr interessante Anwendungsmöglichkeiten. Der Standort von Kraftfahrzeugen könnte jederzeit festgestellt werden, was die Aufklärung von Fahrzeugdiebstählen wesentlich erleichtern würde. Zählerstände von Gas-, Strom- oder Wasserzählern könnten automatisch an den Lieferanten gemeldet werden. Getränke-, Geld- und sonstige Automaten könnten selbsttätig eine Meldung absetzen, die dem Eigentümer darauf hinweist, dass ein Auffüllen notwendig ist. Und selbst für die Medizin könnte die M2M-Kommunikation zu einer völlig neuen Patientenbetreuung führen. Bei chronisch Kranken könnten beispielsweise ständig Blutdruck- oder Herzfrequenzwerte überwacht werden, ohne dass der Patient sich dazu in der Klinik befinden muss. Erreichen die Werte den kritischen Bereich könnte automatisch der Arzt alarmiert bzw. im Notfall sogar Rettungskräfte angefordert werden. (2), (6)

Möglich ist vieles wie schnell die M2M-Prozesse aber verbreitet werden, dürfte in hohem Maße davon abhängen, wie schnell sich entsprechende Investitionen amortisieren.

Was steht den M2M-Lösungen entgegen?

Die meisten Länder der Welt haben mehr als einen Mobilnetzbetreiber, die oft mit unterschiedlichen technischen Standards arbeiten. Will ein Produzent einer M2M-fähigen Maschine diese weltweit verkaufen, so müsste er mit jedem Netzbetreiber entsprechende Verträge abschließen. SIM-Karten, wie sie für Handys gebräuchlich sind, sind oftmals den strapaziösen Einsatzbedingungen, wie im industriellen Umfeld beispielsweise extreme Temperaturen oder starke Vibrationen, nicht gewachsen. Es besteht also dringender Entwicklungsbedarf in Bezug auf technische Harmonisierung und weltweit gültige Kommunikationsprotokolle. Zudem muss sichergestellt werden, dass die Datenübertragung authentifiziert und damit gegen Hacker oder Industriespione gesichert werden kann. Digitale Signaturen bzw. Zertifikate können diese Sicherheit allerdings schon heute auch für die M2M-Kommunikation gewährleisten. (6), (7), (8), (11)

Problematisch für M2M-Anwendung ist außerdem die Abrechnungsgepflogenheit mancher Mobilfunkdienste aus der Telefonie. Die Abrechnung nach Verbindungszeit ist beispielsweise für Überwachungsfunktionen, die eine ständige Verbindung erforderlich machen, äußerst teuer, obwohl nur wenige Daten tatsächlich ausgetauscht werden. Hierfür gibt es aber nun Tarifstrukturen, die nach Datentransfervolumen abgerechnet werden und somit die Kosten für den Nutzer überschaubar halten. (4), (11)

Fallbeispiele

White, ein Mobilfunk-Service-Provider der zur T-Systems-Gruppe gehört, bietet für die M2M-Kommunikation eine M2M-SIM-Karte sowie verschiedene Tarifarten an. Während beim 24fair-Tarif gar kein monatlicher Grundpreis anfällt, sondern nur nach Datenmenge abgerechnet wird, fällt beim 24flex-Tarif ein variabler Grundpreis an, der je nach gewünschtem Datenvolumen unterschiedlich hoch ausfällt. (4)

Die Funktionsfähigkeit eines Windparks in Norddeutschland wird per M2M-Lösung der Firma Welotec GmbH überwacht. Die Daten der einzelnen Windrotoren werden per Datenfunkmodem an ein Mastermodem übertragen. Von dort gehen die Daten gebündelt per GPRS an die 70 km entfernte Leitwarte. Welotec arbeitet mit festen IP-Adressen. (5)

Wavecom und Jasper Wireless haben ein SIM-Modul entwickelt, das in 45 Ländern einen Online-Zugang zum jeweiligen Ortstarif ermöglicht. Das Jasper Wireless Network kann mit GSM-Standards wie GPRS, EDGE und UMTS arbeiten. (6)

Konica-Minolta nutzt die Kommunikations-Software INSIDE M2M gate solution um die bei den Kunden stehenden Multifunktionsgeräte zu überwachen. Über ein Ferndiagnosesystem werden nicht nur automatisch Gerätestörungen gemeldet, sondern auch Zählerstände für die Rechnungsstellung ausgelesen. (11)

Weiterführende Literatur

(1) Wenn die Heizung zweimal klingelt
aus VDI NR. 39 VOM 28.09.2007 SEITE 15

(2) Maschinen telefonieren miteinander
aus Handelsblatt Nr. 031 vom 13.02.08 Seite 15

(3) Internet-Seite der M2M Alliance e. V
aus Handelsblatt Nr. 031 vom 13.02.08 Seite 15

(4) - M2M-KOMMUNIKATION -
PRODUKTBERICHT Mobilfunknetz für Maschinen -
T-Systems-Tochter konzentriert sich als Service-
Provider auf Anlagen und Maschinen
aus Elektrotechnik Nr. 03 vom 10.03.2008 Seite 64

(5) Für jede Funkkommunikation die richtige Lösung
Datenfunk, GPRS oder beides?
aus elektro automation, Heft 1, 2008, S. 50

(6) - DRAHTLOSE M2M-KOMMUNIKATION
Komfort durch Embedded-SIM und globale Dienste
aus Elektronikpraxis Sonderheft Wireless und
Portable vom 13.03.2008 Seite 48

(7) Wireless-Technologie wird ein Schwerpunkt der
Automatisierungsmesse
aus VDI NR. 44 VOM 02.11.2007 SEITE 26

(8) - PUBLIC-KEY-INFRASTRUKTUR
Verschlüsselung für mehr Sicherheit der
Maschinensteuerung und -kommunikation
aus MM MaschinenMarkt Nr. 46 vom 12.11.2007 Seite 60

(9) Alle für ein Ziel
aus DVZ, Nr. BLOG vom 16.10.2007

(10) Ob Fahrzeuge oder Paketroboter - dank Funkchips arbeiten sie immer eigenständiger. Unternehmen fragen die technisch verbesserten Logistikprodukte verstärkt nach dsfgsd fs
aus Financial Times Deutschland vom 17.10.2007, Seite SA6

(11) - GERäTEKOMMUNIKATION Maschinen mit GPRS-Modems drahtlos vernetzen
aus Elektronikpraxis Nr. 22 vom 21.11.2007 Seite 98

Impressum

Machine-to-Machine-Kommunikation (M2M) - bald kein Nischenmarkt mehr

Bibliografische Information der deutschen Nationalbibliothek

Die Deutsche Nationalbibliothek verzeichnet diese Publikation in der deutschen Nationalbibliografie; detaillierte bibliografische Daten sind im Internet über http://dnb.d-nb.de abrufbar.

ISBN: 978-3-7379-1081-1

© 2015 GBI-Genios Deutsche Wirtschaftsdatenbank GmbH, Freischützstraße 96, 81927 München, www.genios.de

Alle Rechte vorbehalten. Dieses Werk ist einschließlich aller seiner Teile – z.B. Texte, Tabellen und Grafiken - urheberrechtlich geschützt. Jede Verwertung außerhalb der Grenzen des Urheberrechtsgesetzes bedarf der vorherigen Zustimmung des Verlags. Dies gilt insbesondere auch für auszugsweise Nachdrucke, fotomechanische

Vervielfältigungen (Fotokopie/Mikroskopie), Übersetzungen, Auswertungen durch Datenbanken oder ähnliche Einrichtungen und die Einspeicherung und Verarbeitung in elektronischen Systemen.